CANTADAS
LETRAS PARA CANÇÕES

Editora Appris Ltda.
1.ª Edição - Copyright© 2020 dos autores
Direitos de Edição Reservados à Editora Appris Ltda.

Nenhuma parte desta obra poderá ser utilizada indevidamente, sem estar de acordo com a Lei nº
9.610/98. Se incorreções forem encontradas, serão de exclusiva responsabilidade de seus organi-
zadores. Foi realizado o Depósito Legal na Fundação Biblioteca Nacional, de acordo com as Leis nos
10.994, de 14/12/2004, e 12.192, de 14/01/2010.

Catalogação na Fonte
Elaborado por: Josefina A. S. Guedes
Bibliotecária CRB 9/870

	Silveira, Fernando de Almeida
S587c	Cantadas : letras para canções / Fernando de Almeida Silveira. - 1. ed.
2020	Curitiba : Appris, 2020.
	107 p. ; 21 cm – (Artêra)
	ISBN 978-85-473-4495-5
	1. Poesia brasileira. I. Título. II. Série.
	CDD – 869.1

Appris
editora

Editora e Livraria Appris Ltda.
Av. Manoel Ribas, 2265 – Mercês
Curitiba/PR – CEP: 80810-002
Tel. (41) 3156 - 4731
www.editoraappris.com.br

Printed in Brazil
Impresso no Brasil

Fernando Silveyra

CANTADAS
LETRAS PARA CANÇÕES

FICHA TÉCNICA

EDITORIAL	Augusto V. de A. Coelho
	Marli Caetano
	Sara C. de Andrade Coelho
COMITÊ EDITORIAL	Andréa Barbosa Gouveia (UFPR)
	Jacques de Lima Ferreira (UP)
	Marilda Aparecida Behrens (PUCPR)
	Ana El Achkar (UNIVERSO/RJ)
	Conrado Moreira Mendes (PUC-MG)
	Eliete Correia dos Santos (UEPB)
	Fabiano Santos (UERJ/IESP)
	Francinete Fernandes de Sousa (UEPB)
	Francisco Carlos Duarte (PUCPR)
	Francisco de Assis (Fiam-Faam, SP, Brasil)
	Juliana Reichert Assunção Tonelli (UEL)
	Maria Aparecida Barbosa (USP)
	Maria Helena Zamora (PUC-Rio)
	Maria Margarida de Andrade (Umack)
	Roque Ismael da Costa Güllich (UFFS)
	Toni Reis (UFPR)
	Valdomiro de Oliveira (UFPR)
	Valério Brusamolin (IFPR)
ASSESSORIA EDITORIAL	Evelin Kolb
REVISÃO	Thalita Milczvski
PRODUÇÃO EDITORIAL	Lucas Andrade
DIAGRAMAÇÃO	Daniela Baumguertner
CAPA	Eneo Lage
COMUNICAÇÃO	Carlos Eduardo Pereira
	Débora Nazário
	Karla Pipolo Olegário
LIVRARIAS E EVENTOS	Estevão Misael
GERÊNCIA DE FINANÇAS	Selma Maria Fernandes do Valle

Aos musos e às musas confessos, pela proximidade, parceria, amor e amizade.

E aos musos e às musas inconfessos, pela incompreensão.

AGRADECIMENTOS

Entre pessoas da vida, professores de Música e parceiros, agradeço – por ordem de aparição nessa trilha – aos partícipes da longa jornada inspiratória:

Lucia Bueno de Almeida Silveira

Lauro João Almeida Pinto

Aylton Ronaldo da Silveira

Marilis Ramos

Sérgio e Edna Laurato

Suzana Lucia Coelho de Souza

Geraldo Ribeiro de Freitas

Gabriel Levy

Djalma Lofrano Filho

Roberto Zeidler

Osvaldo Felix da Silva

David Oliveira

Vania Lucas e Mario Féres

Marcia Vinco

João Magioni

Danilo Ramos

Eduardo Pinfildi

Daniel Simonian

André Estevez

Angélica Menezes

PRIMEIRO PREFÁCIO

A música é a linguagem da sensibilidade humana. Por meio dela acionamos diversos mecanismos psicológicos que ativam nossas emoções e nos permitem vivenciar os mais nobres sentimentos. Venho estudando essa temática há muitos anos em minha vida acadêmica e a cada dia estou mais convicto de que a música, dotada de suas mais variadas estruturas – contornos melódicos, letras, harmonias, timbres, ritmos, texturas etc. – é um estímulo sonoro com grande potencial para que possamos viver momentos extremamente agradáveis em nossas vidas.

Em qualquer situação, se uma música for escolhida de maneira adequada, ela tornará um momento inesquecível, seja em um jantar romântico, em uma viagem, em um filme, em uma caminhada na praia, durante a leitura de um livro... E foi exatamente com esse objetivo que o meu estimado amigo-irmão Fernando Silveira desenvolveu esta obra. Trata-se de um trabalho muito bem elaborado, que traz letras de canções oriundas de um imaginário mental extremamente criativo, composto por muitas histórias, tomadas de decisões e paixões, que retratam a trajetória de um ser humano que considero grandioso por sua bondade, generosidade, inteligência e carisma.

Conheci o Fer em um encontro delicioso em Ribeirão Preto (minha cidade natal) em meados do início dos anos dois mil, no apartamento do professor Lino Bueno, orientador do meu trabalho de doutorado. Naquela época, estudávamos juntos na USP, eu com minha pesquisa sobre as emoções musicais e o Fer com a sua pesquisa incrível sobre Foucault. Naquele dia foi a primeira vez que sentei ao piano para ouvir a voz idiomaticamente expressiva do meu querido amigo. Jamais me esquecerei desse dia. E foi aí que consolidei talvez a parceria mais fraterna, compreensível e (por que não) musical de minha vida.

Recomendo fortemente que o leitor desta obra escute atentamente a primeira produção fonográfica que traz algumas das letras aqui expostas que foram musicalizadas: o álbum *Labaredas*, lançado há alguns anos pelo meu amigo (e disponível nas plataformas digitais como o Deezer e Spotify), no qual tive o prazer de ganhar um exemplar autografado aqui em Curitiba, cidade onde resido há alguns anos. E por falar em prazer, é importante que o leitor saiba que eu escrevo este prefácio enquanto escuto *Labaredas*. Sempre que tenho o prazer de ouvi-lo, recordo-me com muito carinho de uma etapa muito importante de minha vida. Com absoluta certeza, a faixa *Vidacalanto* é e sempre será a minha preferida.

Dez canções presentes neste livro estão contempladas em *Labaredas*. Quanto às outras, gostaria de fazer uma pequena observação: uma vez, ao ler *Wolfgang Iser*, falecido professor da disciplina Literatura Comparada da Universidade de Constance (Alemanha), fiquei fascinado com um de seus enunciados, cuja mensagem consistia em deixar subentendido que o bom texto é aquele que deixa uma espécie de lacuna para que o leitor consiga se inserir nele de forma verdadeira, por meio do diálogo entre a sua história de vida e o conteúdo exposto pelo escritor. Quando li esta obra proposta pelo meu amigão (a gente sempre se chama carinhosamente assim), percebi que esse enunciado exposto pelo professor supracitado refletiu a minha própria experiência quando tive contato com estas letras. Senti-me extremamente instigado a ir ao piano para me permitir poder imaginar como soaria cada uma delas para mim. Como seriam os seus contornos melódicos? Qual harmonia e/ou ritmo eu poderia utilizar para traduzir o pensamento musical desse ser humano que tanto admiro? Foi essa saborosa tempestade criativa que me impulsionou a vivenciar esta rica experiência musical. Francamente, espero que o leitor consiga despertar a sua imaginação durante a leitura a tal ponto que atinja os níveis mais musicais de sua consciência, sendo ele músico ou não. Tenho absoluta certeza de que essa experiência trará momentos de sentimentos intensos, profundos e agradáveis.

O livro está organizado em quatro partes: a primeira, intitulada *Cantadas límpidas*, traduz um imaginário que reflete o abstrato, por meio de reflexões sobre o cerne do sentimento humano, o poema, o sonho e os estados de humor de um indivíduo engajado em tentar compreender de maneira viva as coisas do coração.

A segunda parte, intitulada *Cantadas do mundo*, reflete a maneira pela qual o autor entende as consequências das relações mundanas: os conselhos, a incompreensão mútua, o inexplicável, a libido, a temporalidade, os lugares do mundo, as drogas, a pequenez humana, o silêncio e, especialmente, os níveis de solitude do homem de hoje.

A terceira parte, intitulada *Cantadas reflexivas* (minha parte preferida) traz os movimentos hiperbólicos da mente, por meio da exposição do contraste entre o exagero e o tênue, as nuances entre o caos e a ordem, as peculiaridades de alguns lugares por onde o Fer passou, bem como a camada mais sensível de aspectos relacionados à porção mais mitológica, sexual e madura que há em todos nós.

Finalmente, para fechar com chave de ouro, a quarta parte intitulada *Cantadas dos outros versões* reflete o talento e a genialidade dessa pessoa que me oferece a honra de ser chamado por ele de amigo. Trata-se de versões de músicas compostas originalmente em outras línguas apresentadas de maneira absolutamente criativa. Houve uma ocasião em que nos encontramos ainda em Ribeirão Preto, alguns anos após aquele primeiro sarau, em que o Fer cantarolou a sua versão do *Love theme*, de Vangelis, do filme *Blade Runner* por ele intitulada de *Dentro de nós*. Eu fiquei arrepiado, tamanho o bom gosto prosódico da peça, aliado à maneira brilhantemente expressiva como ele a interpretou diante dos meus olhos à capela naquela ocasião. Além dessa versão paralisante, ainda são apresentadas outras versões que gosto bastante, como aquela feita para *Moonlight serenade, Tous les visages de l'amour* (do Aznavour), o tema de abertura do seriado *Dexter*, entre outras, o que deixa essa parte do livro com um sabor especial, uma vez que essas músicas provavelmente já estão no imaginário mental de muitos leitores que se propuserem a se deliciar com este livro.

Meu querido amigo, a luz que você me passa me deixa em labaredas criativas. Você tem sido um sol da alma para todos que têm o privilégio de conviver contigo. Ao cabo de meus quarenta, de repente, percebo que sua presença me traz a cada dia mais confiança para lutar por meus ideais. Sua presença reflete o verdadeiro mel de colmeia que permeia uma grande amizade. Posso não ter lido Foucault, mas acho que a dimensão de nossa amizade é capaz de traduzir, por meio de um prefácio, o que muitos meninos e meninas boçais estão perdendo por não conhecerem o rei do encanto que você é. Sinto-me muito honrado por ter sido convidado para escrever esta pequena demonstração de gratidão. Você é o que o universo quer. Espero, do fundo do coração, que você se realize com mais este minucioso trabalho. Meu amigo: te amo e pronto! Fui...

Com carinho...

Dan

Danilo Ramos
Músico, doutor em Psicologia, PhD em Cognição Musical
Professor do Departamento de Artes da Universidade
Federal do Paraná

SEGUNDO PREFÁCIO

"Todos os procedimentos são sagrados quando interiormente necessários".

Vassyly Kandisnky ("Do espiritual na arte")

É possível que ao primeiro contato com este livro, o leitor tenha a impressão de um deliberado exercício de técnica literária à procura de certo aprimoramento. Mas certamente a impressão será desfeita ao saber que os textos aqui impressos nasceram como letras para canções e, quando devidamente acompanhados da melodia, harmonia, arranjos e voz, adquirem uma completude que conduz o leitor/ouvinte do canto ao encanto, à catarse e à consciência de si.

Dividido em quatro partes: *Cantadas Límpidas, Cantadas do mundo, Cantadas Reflexivas* e *Cantadas dos outros (Versões)* – sem uma rigorosa unidade temática –, no entanto, pode ser apreciado por sua sugestiva coerência de motivos, imagens e afetos. Há uma personalidade lírica bastante coesa nas letras que, à força de expressar-se, acaba por fornecer ao leitor o sentimento vivo de alguém que enfrentou o peso da necessidade, superou crises afetivas, desenvolveu uma leitura de si e do mundo e descobriu sua afinidade com as palavras, as coisas e os outros.

A matriz de sua dimensão lírica encontra-se numa energia erótica que adquire contornos suaves, entrando na análise do próprio espírito, adquirindo o amadurecimento da autoconsciência para perceber no outro a necessidade do cultivo de afetos como amizade e amor, afetos que marcam a união íntima do eu com o outro, numa complacência que, talvez, em última instância, seja uma forma de perdoar a si mesmo e a vida. Imagens como *Labaredas* (que é também título do CD do autor), *Sol da alma, A luz que você me passa* nos remetem ao erotismo sublimado em afetos ternos, o que se confirma no título da primeira parte *Cantadas Límpidas*.

A sensação que temos ao chegar à segunda parte é a de procura: *Cantadas do Mundo* começa com *Motel Planeta* e, seguido por *Detetive*, inicia uma procura de sentido para a vida; ao chegar em *Luzes e anúncios* percebemos que a falsa vida dos luminosos anúncios não alivia a solidão do eu lírico, que carece da energia libidinosa para entrar em sintonia com a vida.

Lendo os textos em sequência, percebemos o impacto da leitura de Foucault na vida do autor e passamos a compreender melhor o sentimento de um drama não só pessoal, mas também coletivo. Drama dos amores mal vividos, da vida alienada, das pessoas pressionadas pela "normalidade" da vida, sentindo (e sofrendo muito), mas compreendendo pouco, seja o *Rap do fora*, a *Menina boçal* (que usa a terapia como forma de desencontrar-se), *Sentimentos* (a delícia-fantasma que vira um pesadelo amargo), *Ele* (que não leu Foucault e não entendeu que o toque foi de amor), uma gente cuja existência está presa a uma rede de pequenas misérias, mas que insistem em não trilhar pelos caminhos que levam do pouco ao nada, como *Léo e Léa*. Depois de passar por *Tratante* chegamos a *Nenhuma Balada*, na qual a escolha pelo silêncio faz a transição para as *Cantadas Reflexivas* da terceira parte.

O eu e o outro, sendo o outro a fonte para onde convergem os impulsos afetivos do compositor, na dispersa paisagem da vida, são os motivos essenciais das reflexões das *Cantadas Reflexivas*. De *Blues do Além* à *Beira-mar*, isto é, da primeira à última letra da terceira parte, há um desejo intenso de superar a condição de alheamento e ausência – própria e do outro. O outro é para o EU ora uma maravilha, um encanto, ora uma causa de desassossego. A presença do outro é uma alegria difícil, porque o caminho que conduz ao encontro dos seres é pavimentado pela angústia, por um sentimento de completude que a realidade evita.

Da parte do Eu, a manifestação afetiva em busca da autocompreensão o leva a perceber que o outro pode ser retido apenas na memória porque a vida sujeita os corpos e as paixões à transitoriedade temporal; da parte do Outro, uma situação enigmática, pois ele é ora uma pessoa, ora um lugar, ora um mistério a ser sentido e não decifrado. Daí, talvez, a reflexão proposta: "Há um rombo nesse universo finito /Uma senda por onde o abismo avança / E eu escorro - nu – no precipício / No braço da minha esperança" (*Blues do Além*); "O meu mistério é escorrer pelo mundo, / extravasar meu sentimento profundo / romper passado em busca d'outra libido / contar nossa história, assim, no centro do ouvido / mas posso ouvir o caos que se faz sentido" (*Viagem*). O que o Eu procura não é o que está no outro, mas a construção através da veia afetiva de um caminho de união com o próximo, onde qualquer maneira de amor vale a pena / qualquer maneira de amor vale amar, como na letra da canção de Milton Nascimento e Caetano Veloso.

Na última parte, *Cantadas dos outros (Versões)*, com liberdade e ao impulso de seus afetos, o autor faz versões para algumas conhecidas canções. Da primeira canção *Moonlight Serenade*, traduz o verso inicial "stand at your gate and the song that I sing is of moonlight" para "Eu sou o cantor refletindo esta noite enluarada" que, no corpo da versão, torna-se adequado porque (parafraseando Ferreira Gullar) o abismo não vence o olhar, mas a ele se integra pela força da melodia, pela delicadeza da serenata.

A voz lírica agora revela sua afinidade com outros cantos, outras letras, pois de forma concisa as versões sintetizam o tema das canções criadas por Fernando Silveyra. Não sei o tempo de gestação das versões apresentadas. Certamente são frutos de vivências singulares, comunicação entre pulsão solitária do criador com a força universalizante da poesia. Nesse sentido, no seu todo, esta obra é um procedimento sagrado porque foi interiormente necessário ao autor, para que pudesse converter angústias e desejos em elementos de autorreflexão das paixões e do próprio sentido de ser-no-mundo.

Osvaldo Felix da Silva

Docente de Literatura, doutor em Estudos Literários e especialista em Psicanálise e Literatura

SUMÁRIO

Parte I

Catatempo..23

Labaredas..24

Mel de Colmeia..25

Cidade Só...26

Sol da Alma..28

Rei do Encanto...29

Qualquer Lugar do Mundo..30

Vidacalanto (Menino Sério, Menina Séria)........................31

Almas Gêmeas...32

A Luz que Você me Passa...33

Amor Puro..34

Te Amo e Pronto..35

Fechado ao Papel..36

É Amor..37

Presença..38

Coração..39

Sua Falta..40

Samba da Atenção...41

Áurea Majestade..42

Mas isto passa...43

De Repente...44

Fui..46

Voltas...47

Parte II

Motel Planeta 51

Detetive 52

Luzes e Anúncios 53

Rap do Fora 54

Menina Boçal 56

Sentimentos 57

Ele 59

Léo e Léa 60

Tratante 63

Nenhuma Balada 64

Parte III

Blues do Além 67

Viagem 68

Múltiplo 70

Pequenos 72

Confiança 73

O que o Universo Quer (Simô) 74

Nas Pedras do Arpoador 75

Meu Ribeirão Preto 77

Deus do Mundo Antigo 78

O Narciso e a Dona 80

Gays 82

Casa do Karma 84

Certos Carinhos 85

Quem a Gente Ama 87

Pesado 88

Vida em Caos 89

Quarenta 91

Galo Bravo 93

Lanternas 94

Beira-mar 95

Parte IV

Serenata ao Luar 99
Dentro de Nós...100
Destino de um Amor 101
Tem que Ser 103
Pra respirar...104
O Amor está no Ar..106
Não Mais Mil Ais..107

Parte I

CANTADAS LÍMPIDAS

CATATEMPO

Primeira letra aos quinze anos

Bate asas, toca trombetas,
Que o menino vai brincar no rio.
A menina é tão pequenina:
Ainda sonha ser rainha!

Solta pipa, brinca de roda:
Havia tempo naqueles dias!
Sorria o sol, que também é roda,
E gira o mundo pras criancinhas!

Voa pra lá, pra cá! O passarinho só quer voar! Bis
Voa pra lá, pra cá! Ele morre se não voar!

Sapo cururu, na beira do rio,
Quando o sapo pula, ó maninha, ele está no cio!

Quanto tempo voou! Os reis já não são azuis!
Homem passando fome! Homem matando o homem!
E as criancinhas, presas nas gaiolas,
Sonhando muito pra não acordar,
Neste dia que não foi feito – cata-vento pra se brincar!

Bis
Sapo jururu, na beira do cio,
Hoje ele não pula, ó maninha, pois morreu de frio!

LABAREDAS

Música do álbum Labaredas

Minha labareda está
Onde encontro o seu olhar:
Doce prazer que cintila ao tê-la!
E na musa da canção
Há uma linda estação:
Minha vida é primavera ao vê-la!

E tudo tem um preço,
O preço de um apreço:
A Bela e a Fera na Fábula do Tempo!
Que me faz revelar
Um lugar,
Sem você: "Voyeur"!
E no Tao do Luar,
Com você:
Bilboquê! Shangri-lá!

Minha vida é primavera ao vê-la!
Minha vida é primavera ao vê-la!

MEL DE COLMEIA

Letra de Fernando Silveyra

Música de Djalma Lofrano Filho do álbum Labaredas

Não sei dizer-te, assim, de um modo explícito:
"Te amo!"
Só sei fisgar-te o olhar bem fundo,
Feito um dom, ser-te quase tudo,
Quase um mundo.
E cantando baixinho,
Inventando canções,
Crescendo juntos,
No mesmo rumo,
No mesmo rumo.

Luz, somos,
Azuis e brancos
Sonhos,
Às vezes, escuros.
Teu coração no meu,
E num corpo a corpo só nosso,
E nem foi Deus quem deu a ideia!
É nosso amor essencial:
Nosso mel de colmeia!

CIDADE SÓ

Música do álbum Labaredas

A cidade estava, assim, muito sozinha,
Só com as pedras do caminho e a madrugada,
E a garoa fina, fria, lhe envolvia,
Feito lágrima na vida de alguém que está só.

Mas a cidade estava, assim, junto comigo,
Estava só, com ela estava acompanhado,
A rua vinha, a rua ia e eu lhe seguia,
Feito água de enxurrada, a escorrer na longa estrada.

Andando na cidade só! Só! Só!
Andando na cidade só! Só! Só!
O tempo vinha, o tempo ia, eu me escondia,   Bis
Eu me encontrava, eu me perdia,
Andando na cidade só.

Até que a noite estava, assim, enluarada,
Se eu te encontrasse, eu te beijava feito um nó,
Mas a cidade, pra você, não me levava,
Deve ser porque a cidade
Não queria ficar só.

Bis

Eu perguntei, no coração dessa cidade,
O que fazer prum coração não ficar só?
Ela não disse nada, mas soprou um vento,
Que alentou meu pensamento,
E eu não me senti tão só.

Bis

SOL DA ALMA

Como é bom sorrir, amigo!
Refletir harmonia!

A amizade é o sentimento mais sublime:
É mirar alma com alma,
Transcender qualquer crime
Do universo dos desejos.

Amigo, eu te abraço com bons braços,
E te envolvo em nosso afeto:
Paz, respeito, abrigo!

Quem, entre nós, não fere o amigo?
Quem, entre nós, recebe o amigo?
Quem, entre nós, não fere o amigo?
Quem, entre nós, recebe o amigo?

Eu amo, e sigo, eu amo, e sigo...

A amizade é a odisseia dos irmãos:
Os desejos vãos se vão!
E eu sou luz, no teu coração,
De amigo-irmão!

Companheiro de estrada!
Um sol bem dentro da alma!

REI DO ENCANTO

Rei do encanto, o teu sorriso,
Me acolhe feito um manto,
De presságios de um destino,
Que se encontra só em sonhos.

Teu afeto é meu abrigo,
Tem a cor de um acalanto,
Que aquece o vazio,
Dos meus passos neste mundo.

Teu olhar está distante,
Invadido por estranhos,
Que destroem nosso ninho,
E eu te sinto vacilante.

Meu amor é tão menino,
E eu te cuido feito um anjo,
Vê se voa, vê se volta,
Pois a vida é um breve instante.

QUALQUER LUGAR DO MUNDO

Qualquer lugar do mundo é qualquer lugar do mundo:
É raso, profundo e incerto,
Qualquer lugar do mundo é qualquer lugar do mundo,
Por onde passa constantemente o tempo.

O que faz a diferença, são certos abraços ternos,
Zelosos, que acalmam o desespero.
Então qualquer lugar do mundo
Se incorpora e vem pra dentro
E se transforma em um sentimento belo.

Em amores ideais,
Em bons sonhos sem ter fim,
E o sentido de que somos eternos,
Em carinhos naturais,
Que só nos fazem sorrir,
Que transformam o vazio em completo.

Então qualquer lugar do mundo se distingue dos iguais
E se torna, assim, tão único,
Enfim, qualquer lugar do mundo não é qualquer
lugar do mundo
Se você está por perto.

VIDACALANTO (MENINO SÉRIO, MENINA SÉRIA)

Música do álbum Labaredas

Menino sério, menina séria, a vida não é uma cilada,
A vida é uma estrada boa, talvez tranquila, à toa.
Menino sério, menina séria, o tempo passa feito vento,
Acariciando tua face, um jogo lindo: passatempo.

E eu, sou eu quem diz: a gente pode ser feliz juntos, Bis
E eu, sou eu quem diz: amar com amor é um acalanto.

Menino sério, menina séria, a nossa vida é passageira,
Amarelinha, brincadeira, bater de asas de anjos
louros: passou!
Menino sério, menina séria, onde está tua coragem?
Se o teu afeto é tão sincero!
Se é a mais pura identidade!

Bis

Menino sério, menina séria, a tua dúvida me cala,
Se o teu olhar tem minha luz,
E o teu coração dispara!

ALMAS GÊMEAS

Letra de Fernando Silveyra
Música de Marcia Vinco

Traça tua trilha estranha,
Se és quem fere sem pensar.
Pisa na terra e sonha
Com outros modos de amar.

Convida,
E se abre,
Tão ingênua que não sabe:
A dor já está no ar,
A te ver a flertar com o torto fogo,
Pois prazer e dor são almas gêmeas.

Na cor do olhar,
No corpo e no desejo: almas gêmeas!
Mas partiu sem se dar,
E a alma gêmea era de cera,
A se desmanchar: poeira no ar!
Vai!...

E traça tua trilha estranha ...

A LUZ QUE VOCÊ ME PASSA

Letra de Fernando Silveyra

Música de Eduardo Pinfilfi do álbum Labaredas

Meu bem,
Tire suas lentes, retire sua máscara,
Pois eu gosto de você,
Pela luz que você me passa.

Meu bem,
Solte suas correntes e dissolva suas couraças,
Pois eu gosto de você,
Pela luz que você me passa.

Ainda não sei se é amor
Mas você me toca
Com seu jeito manso,
Sorriso que abraça,
Pois eu gosto de você,
Pela luz que você me passa.

Meu bem,
Limpe seus medos e sua beleza armada,
Pois eu gosto de você,
Pela luz que você me passa.
Meu bem,
Não sou fera, nem és minha caça,
Pois eu gosto de você,
Pela luz que você me passa.

AMOR PURO

Eu acho que o amor é raro,
Eu acho que o amor é belo,
Eu acho que o amor é caro,
Assim, tão precioso!

Eu acho que o amor é cego,
Mas, mesmo assim, eu folgo em vê-lo,
Na folga deste nosso abraço:
Doce desmazelo.

Ai quem me dera ser mais terno,
Não cabe no telefonema,
Assim eu nos traduzo em verso,
E faço da paixão, poema.

Você já sabe que eu te quero,
É um sonho ser teu prisioneiro,
Pois se me solta, eu te liberto,
E assim eu te tenho inteiro.

E eu sei que um amor puro é raro,
Sublime fase do desejo,
Pois eu, bem manso, te aconchego,
E faço arder um sonho eterno.

TE AMO E PRONTO

Deu o *insight*, caiu a ficha: te amo, te amo e pronto!
Brilhou na ideia, no peito, na rima: te amo, te amo e pronto!
Sem amanhã, só aqui-agora: te amo, te amo e pronto!
Sou seu inteiro, bem dentro e fora:
Te amo, te amo e pronto!

Lugar nenhum, que tenha folga: te amo, te amo e pronto!
Você, meu ar, minha aurora: te amo, te amo e pronto!
Quase maluco, fora de órbita: te amo, te amo e pronto!
Em qualquer vida, a qualquer hora:
Te amo, te amo e pronto!

FECHADO AO PAPEL

Fechado ao papel, caneta em ebulição,
O verso não é mel: é pura explosão.
Fechado ao papel, espero Rapunzel,
E a vida não é dança, canção não é criança:
Bomba na vizinhança!
Me jogue suas tranças!

Parei de compor pra chegar a um lugar,
Real ao sol-se-por, quero me levantar, me por a caminhar,
Com alguém a me abraçar, o amor está no ar!
Um corpo para amar!

Num sonho digital, escreve o polegar, vida a transfigurar,
Aberta no papel e a vida segue só,
Fechado no real, aberto ao papel,
O amor a me escapar ...

É AMOR

Não cabe num sistema, em nenhum computador,
Nem tem um teorema, sequer um tradutor.
É amor! É só amor!

Faz pose no cinema, não guardo em coleção,
Relance num poema, fugaz no meu refrão.
É amor! É só amor!

Palavra em dicionário: só vira abstração,
Nome no calendário: deleite no verão.
É amor! É só amor!

Sem preço, nem salário: é pura transgressão,
E quando é salafrário, não fica na prisão.
É amor! É só amor!

PRESENÇA

Letra de Fernando Silveyra
Música de Eduardo Pinfildi do álbum Labaredas

Troquei de rua pra te ver,
Pro tempo passar devagar,
E a rua é nua, eu e você:
É o nosso amor a nos olhar.

Não sei seu nome, vou saber,
Deve ser lindo de falar,
Tua pele é luz no entardecer:
Muito prazer em te encontrar.

Antes de virar multidão,
Te perguntei se o tempo é bom,
Você me disse que choveu
Mas que o sol já vai brilhar...

Você partiu logo depois,
Mas me sorriu a me flechar:
– Qual o seu nome? – perguntei.
Mas você já não estava lá.

Se fosse noite – és Lua,
Se fosse dia – és Sol,
Se a minha vida é tua,
Serei o teu farol,
A solidão machuca,
A multidão faz te levar:
– Qual o seu nome? – perguntei.
Mas você já não estava lá...

CORAÇÃO

Ah! coração!
Quanto tempo dentro do meu peito!...
Ah! Natural criação!
Não o entendo direito...

Mas você existe de um jeito tão claro, tão simples,
Feito um sorriso,
Que está meio esquecido, mas sempre presente no
meu viver...

Ah, coração!
Você me conhece feito a palma da minha mão...
Você sabe dos meus desatinos, dos meus pontos fortes,
minha direção!
Você sabe da vida mais dentro e a fundo do que eu!...

Ah! coração!
Você é feito um irmão que eu nunca vi,
É um achado que eu nunca perdi,
É a nova canção que eu lhe farei depois de amanhã!

Ah! Ficar sem você, meu maior temor:
É cair no vazio,
Vivendo sozinho, sem ninguém, sem amor!

SUA FALTA

Letra de Fernando Silveyra
Música de Djalma Lofrano Filho do álbum Labaredas

Sinto falta de calores,
Sinto falta de agasalhos,
Sinto falta de carinhos: sinto sua falta.
Sinto falta de humores,
Sinto falta de olhares,
Sinto falta de sabores: sinto sua falta.

Sinto falta de silêncios,
Sinto falta de palavras,
Sinto falta de sorrisos: sinto sua falta.   Bis
Sua falta é um vazio,
Sua falta é uma marca,
Sua falta me traz frio: sinto sua falta.

Na sua falta eu improviso,
Na sua falta eu me armo,
Sua falta me escraviza: sinto sua falta.
Sua falta é um malquerer,
Sua falta é um desabar,
Sua falta é um não ser: sinto sua falta.

Bis

SAMBA DA ATENÇÃO

Eu fiz uma canção para chamar sua atenção,
Mas de que adianta se você não sonhar mais?
Compus novo refrão para tocar seu coração,
Mas de que adianta se você não se ama mais?

Chamei a percussão para tocar seu coração,
Mas de que adianta se estás fechada demais?
Enfeitaram o salão da cor da pura sensação,
Mas de que adianta se você se emaranhou na solidão?

Mas de que adianta se você não sonhar mais?
Mas de que adianta se você não se ama mais?

Por isso, vem agora, a aurora a nos mirar
Luzir o céu em flor, brilhar o seu olhar!
Abra a janela, insiste a serenata,
Vislumbra o coração, esqueça a hora e a data,
Mas de que adianta se você não bater asas pra voar?

Mas de que adianta se você não sonhar mais?
Mas de que adianta se você não se ama mais?

Mas sempre adianta se você dourar seus ais!
Mas sempre adianta se você se amar demais!

ÁUREA MAJESTADE

Vida em tessitura, luz de uma ranhura,
Transpassando ao tempo,
Flor do seu momento.

Leva seu poema na cavalgadura,
Cruza a lua escura.
Denso sentimento!

Eu sou teu parceiro, mão na tempestade,
No furor da bruma, na vida que arde!   Bis
Eu sou teu parceiro, mão na tempestade,
Para além da vida, na bruma da tarde.

Veja a grande água, purifica a mágoa,
Faz sorrir por dentro,
A dor que não acaba.

Dá oxigênio, amigos ampara,
Que te acolhem agora,
Ao som da eternidade!
Mas o amor não acaba!

Bis

Coragem e fibra na dificuldade,
Enfrenta a batalha da noite que invade.
Alva, sua auréola no cair da tarde,
Sinto tua presença,
Delira a saudade:
Áurea majestade!

MAS ISTO PASSA

Fique tranquilo: eu toquei seu coração, mas isto passa,
Sou teu menino, transbordo vida, musa, rima e emoção
Mas isto passa.
Nem tem ferida, pois teu darma não incita discussão,
Mas isto passa
Vida bandida é quando a indiferença blinda o coração
Mas isto passa.
Tá tudo em cima de um muro, de uma grade, uma prisão
Mas isto passa
Coroa a tua glória com minha decepção
Mas isto passa.
Digita na minha pele
A tua última obsessão
Mas isto passa.
O fim retorna, enfim, na cor da tua indecisão
Mas isto passa, mas isto passa e tudo passa,
Somos comparsas
De um horizonte sem sentido nem razão!
Mas isto passa, mas isto passa
Feito o fim da melodia desta tristeza em canção.
Mas isto passa, mas isto passa
Pois tudo passa...

DE REPENTE

Te encontro na minha ensinança,
Aprendendo e cantando essa cantiga
É meu norte, é meu dom, a minha liga
Estandarte da boa aventurança
A carícia que passa a dor ferida
Que sentimos se, ao menos, respiramos,
O meu canto é um bálsamo da vida.

Ei, ô, ei, ô, repente bom pra te arrepiar! Bis

Meus acordes no som reluzem asas
Que ofereço a vocês, caros ouvintes,
Pra transpormos as nuvens dessa praça,
No sereno de um destino mais livre
Se o poder e o querer se sobrevivem
Na vontade de sonhar, essa voz,
Seja um salto além das cicatrizes.

Ei, ô, ei, ô, repente bom pra te arrepiar!

O poeta, de versos, está grávido,
Evocando do cosmo o feminino,
E, num parto de notas, cria um halo
Do humano casado com o divino,
E renascendo-se ao brotar a criança,
Lindo sopro celeste concebido,
A canção é um filho preferido.

Ei, ô, ei, ô, repente bom pra te arrepiar!

Não se engane com o mote da toada,
Sou um simples cidadão desse mundo,
Se no palco encontro a flor da estrada,
Fora dele às vezes me confundo,
Com os passos da minha caminhada
E a lembrança de um amor moribundo
Cantar é o farol que me dá prumo.

Ei, ô, ei, ô, repente bom pra te arrepiar!

A você que me vê assim contente
Nesse mundo que é meio movediço
Eu te dou essa bússola, meu leme,
Uma música: o sol do meu ofício,
Que ilumina esse momento presente
Revelando, solene, o que se sente,
Quando um amor se descobre de repente.

Ei, ô, ei, ô, repente bom pra te arrepiar!

FUI

A vida não é sempre assim:
Este bom tom, você pra mim,
Vestes de paz, olhar em luz,
Sonho fugaz, desejos blues.

A solidão me fez assim:
Alguém audaz, longe de ti,
Um turbilhão de sentimentos
E um alçapão: túnel do tempo.

Se tudo fosse te cantar
No emaranhado da existência,
Mas cada nota em teu lugar,
Só faz lembrar a tua ausência.

Fui, valeu!
Adeus real!
Tudo ardeu:
Doeu, passou, não mais!

Uh, uh, uh, uh – Fui!   Bis
Uh, uh, uh, uh – Você também!

VOLTAS

Letra de Fernando Silveyra
Música de Eduardo Pinfildi do álbum Labaredas

Volta do sol, volta do mar
Volta da luz do seu olhar,
Que prometeu pra nunca mais se mirar no meu olhar

Volta do amor, volta o sorriso,
Volta da cor que eu preciso
Pra seguir a cantar mil canções ao luar!

Noite longa,
Céu escuro,
Gira o mundo: ciranda a rodar!

Tempo voa,
Miro o rumo
A viver e aprender te esperar a voltar!

Parte II

CANTADAS DO MUNDO

MOTEL PLANETA

Aqui, todo mundo, nesta parte do universo procura:
Manter a saúde, acumular algum dinheiro
E desvendar do amor, a cura!

Aqui, todo mundo, nesta parte do universo procura:
Uma paz, às vezes louca,
Um batom de beijar boca, às escuras.
Mesmo sendo sabor morango, um operário leninista,
Um dançarino de tango, um ministro economista!

Quem procura acha, à beira dos pés, Bis
Sementes, desgraças e até cafunés.

Aqui, todo mundo, nesta parte do universo procura:
Um discurso profético de um mestre pervertido
Dizendo que tudo é relativo!
Aqui todo mundo nesta parte do universo procura:
Um afeto miserável, esconderijo deplorável,
Para preencher a sua vida sem sentido!

Bis

Aqui, todo mundo, nesta parte do universo procura:
Um segredo do vizinho pra espalhar, bem de mansinho,
Pra distrair do seu destino comezinho!
Mesmo sendo sabor morango, um operário leninista,
Um dançarino de tango, um ministro economista!

Bis

DETETIVE

Música do álbum Labaredas

Cadê o meu amor? Cadê, meu detetive?
Modelo exclusivo, sem cópia nem reprise!
Cadê o meu amor? Mudou sem me avisar,
Deixou um bilhetinho: "Eu volto pro jantar"!

Cadê o meu amor? Partiu para o Japão,
Dizendo que ia à esquina, comprar café e pão!
Cadê o meu amor? É lindo, indescritível,
É um raio de sol, é adorável, incrível!

Meu amor é black, meu amor é azul,
Meu amor é rock, meu amor é blues,
Meu amor é inverno, meu amor é verão,
Meu amor é além: é a quinta estação!
Meu amor é bandido, meu amor é vulgar,
Meu amor é tão lindo, mas sabe dançar,
Meu amor é um triz, meu amor é um zás,
Meu amor para sempre, meu amor é fugaz!

Cadê o meu amor? Cadê, meu detetive?
Encontre, por favor, antes que eu pire, em crise!
Cadê o meu amor? Tão amoroso sou!
Te encontro qualquer dia! Quem já provou, gostou!

LUZES E ANÚNCIOS

Luzes e anúncios não escondem minha vida deserta,
Ilusões de ótica na noite em que ninguém se apresenta
Vultos no escuro, sombras são fantasmas
Sem prazer nem dor
E eu só sei de cor tudo o que você não me ensinou.

Sexo: imaginário,
E o asfalto é todo nu,
Me lembra o calendário:
O desejo é quase eterno:
Quase eterno, feito onda: vai e vem!

Acenda minha libido!
Desperta-me, tesão!   Bis
Meu Deus é infinito, feito alucinação!

RAP DO FORA

Devo ter perdido peça,
Ter comido alguma bola,
Ter comprado ouro de tolo,
Ou arrotei fora de hora.

Ter gastado mais dinheiro,
Ter comprado algum presente,
Ou ter sido reticente,
Esquecido aniversário?

Ter me perdido no tempo,
Ser tão velho ou ser tão novo,
Ser mais fácil ou ser estorvo,
Mais risonho ou mais pra dentro.

Já faz vinte e quatro horas,
Que você não manda scrap,
Já me sinto estonteado,
Quase um zumbi doente.

Será que levei um fora?
Milionésimo ou primeiro?   Bis
Será que vazei o corner?
Ou marquei uma bola dentro?

Será que é questão de pele?
Celular fora de área?
Ou você partiu pra guerra?
Ou a nona bateu botas?

Será que gozo maneiro?
Ou você pegou a dengue?
Ou o prazer foi tão gigante,
Que você perdeu memória?

Será que levei um fora?
Milionésimo ou primeiro?
Será que vazei o corner?
Ou marquei uma bola dentro?

Será que fará surpresa:
Mil bouquets de helicóptero?
Ou você mudou de sexo,
Sequestrado pelo óvni?
Será que eu vou virar monge,
Com jejum macrobiótico?
Ou irei curtir balada,
Até o osso do micróbio?

Será que levei um fora?
Milionésimo ou primeiro?
Será que vazei o corner?
Ou marquei uma bola dentro?

Pelos dados estatísticos,
São só vinte e quatro horas,
Mas na ânsia dos aflitos,
É uma eternidade, é foda!

MENINA BOÇAL

Dizendo palavras tão estranhas e difíceis sobre o
que é o amor,
Tendo catarses em mil terapias, lendo Michel Foucault,
Trilhando o caminho de Santiago, Feng Shui no corredor,
Mas, na verdade, com sinceridade,
Tem medo dos apelos do amor.

Menina boçal, menina boçal...

Só veste calcinha vermelha: segredos do tantra oriental,
Já fez regressão em Miami: pacote com desconto
promocional!
Jura que em Machu Pichu encontrou um ET no plano astral,
Mas nem todo o encanto extrassideral
Esconde seu medo de um amor natural!

Menina boçal, menina boçal...

Vê se sai do casulo,
Salta de cima do muro,
E cai na "real"!

SENTIMENTOS

E o soldado, quando jovem, foi modelo,
E esteve nos meus braços, bem soltado,
E eu disse um "não" acovardado:
Foi meu último medo!

Pois meu medo estava no corpo,
Nos pelos, na cara, na vaga,
Nas veias aladas dos meus sentimentos.

E o modelo fez-se com o tempo tão soldado,
Que, para mim, disciplinado,
Reservou seu desmazelo macabro.

Pois o seu desmazelo estava no corpo,
Nos pelos, na cara, na vaga,
Nas veias aladas dos seus sentimentos.

E eu me indago por que o soldado, desejante, desejado,
Com o tempo, virou pesadelo amargo de uma
delícia-fantasma?

Pois sua delícia estava no corpo,
Nos pelos, na cara, na vaga,
Nas veias aladas dos meus sentimentos.

Mas quando os humanos soldados,
Serão mais humanos amados soltados
Para saber que o amor traça, ousado,
Os seus próprios planos sagrados?
Pois o amor estará sempre no corpo,
Nos pelos, na cara, na vaga,
Nas veias aladas dos meus sentimentos,
Dos teus sentimentos,
Num sentimento:
Sagrado, soldado ou soltado.

ELE

Ele não leu Foucault, ele não entendeu,
Que o toque foi amor.
Ele não leu Foucault e não entenderá,
Que o infinito rangeu, gritou ao nos brilhar.

Ele não leu Foucault e pelo jeito, não lerá,
Mas sente que eu não sou pornô, pois tenho ética
doída na vida.

Só lhe resta, então, a pueril educação,
Puxar o carro, num adeus sem Deus,
Fiquei no estrago, ao "Deus-dará"!

Talvez, sem ler Foucault,
Um dia sentirá, o novo brotará
E um dia valerá a pena, a vida vivida!

A vida vívida é para ser vivida!
A vida vívida é para ser vivida!

LÉO E LÉA

É seu dia D, é sua hora H,
Lá no WC, querem se encontrar,
Querem ferver pra crer   Bis
O que ninguém verá,
No seu dia D, na sua hora H.

Ele curte LSD, ao som de um velho rock,
Ela vai de ecstasy no 69,
Ele é preto-no-branco,
Ela é arco-íris,
E quer ter um filho,
Com ou sem varizes.

Ela é estilo "clubber",
Ele é "hardcore"
Mas já foi michê para comprar pó,
Mas no quinto programa,
Ele saiu com Léa,
E extravasaram noite-paulicéia,

E apertando botões,
Ela, sem namorada,
Fizeram amor com linda travesti
Lá no vão da escada.

Ele é analfa,
Ela é moderna
Mas prefere a praia
Para tatuar as pernas,

Ele é violento quando faz amor,
E ela já foi rainha
Em um bar sado-masô.

Ela se viciou na veia
Mas já se recuperou,
Depois que foi a uma clínica:
O juiz recomendou.
Ele transou desconsertado
Quando a borracha furou,
Mas o exame não deu nada
E um novo dia clareou.

Ele está no supletivo
Mas não aprende a lição,
E ela tenta lhe ensinar
Mas tudo acaba em amassão!
Ele arrumou um emprego
Numa sauna do Bexiga,
E ela cheira cocaína
Enquanto beija sua amiga.

Os pais dela já disseram
Que irão lhes ajudar
Assim que voltarem
De um cruzeiro em Gibraltar,

Mas parece que a polícia
Pegou a mãe com pacotão
No fundo falso da mala
E foi parar no camburão.

Muita gente não compreende
Seu estilo de vida,
E lhes fecham a cara, não lhes dão guarida,
Mas parece que os vizinhos do oitavo andar,
Contrataram o Léo para um *"menage-à-trois"*.

E está tudo na Lei...

TRATANTE

Hoje eu só queria uma localização:
Em que planeta estou? Quem me dá inspiração?
Hoje eu só queria uma localização
Que me dê uma direção neste mundo tão vago.

Principalmente hoje que você me fez perder o
rumo de casa,
Como também o lume da rua!
Como também o sentido da lógica,
Já que a covardia é só sua!

Principalmente hoje que você me cortou,
No osso, os sonhos e as asas
Como também do sexo, o chão,
Apagando a lua e o sol e as nuvens:
Mil flocos de espumas:

Tratante! Tratante! Tratante!
Sem coração!
Tratante! Tratante! Tratante!
Não seria melhor um "sim" ou um "não"?

NENHUMA BALADA

Letra de Fernando Silveyra
Música de Eduardo Pinfildi

O silêncio me ganha
Em uma noite desolada:
Só queria teu amor e nenhuma balada.

Som de cobertor de orelhas,
Sem o DJ na noitada:
Só queria teu amor e nenhuma balada.

E a canção não alcança,
Sou a rima quebrada,
Ao me perder no vento:
Só queria teu amor e nenhuma balada.

O tempo escoando,
E eu sigo sempre, sempre, sempre te esperando
Ilusões passando
E você nunca, nunca, nunca me tocando

Só queria teu amor e nenhuma balada.

O silêncio me ganha
Em uma noite desolada:
Só queria teu amor e nenhuma balada.

Parte III

CANTADAS REFLEXIVAS

BLUES DO ALÉM

Há um rombo neste universo finito
Uma senda por onde o abismo avança
E eu escorro – nu – no precipício
Nos braços da minha esperança.

E eu digo: "Nada além, meu bem!"
Quando a inércia me convém!
E eu digo: "Nada além, meu bem!"
Quando o desejo me contém!
E eu digo: "Nada além, meu bem!"
"Nada além, meu bem!", "Nada além, meu bem!"
Quando o medo me retém.

Procuro montanhas,
Lugares Solares,
São os amigos do meu próprio Olimpo,
Sonhar com os Deuses
Ocultos num sorriso:
Mel tão puro e ardente,
Que é quase o eterno, meu bem,
Quase todo o Vazio, meu bem!...
Mas não tão bandido,
Nem tão infinito:

Um abrigo,
E um alento...

VIAGEM

À beleza baiana

Vida solitária: à frente e ao fundo,
Mas posso ouvir o ronco surdo do mundo,
Ganhei de medalha: o fuso e o parafuso,
Mas posso ouvir o ronco surdo do mundo,
Na tua mortalha: a luz do moribundo,
Mas posso ouvir o ronco surdo do mundo,
Ardei, fornalha! O medo nauseabundo,
Mas posso ouvir o ronco surdo do mundo.

Mas posso ouvir o ronco surdo do mundo, Bis
Mas posso ouvir...

Gozei, contente: o coração entre o dente,
Mas posso ouvir o ronco surdo da mente,
Sorveu, decente, meu leite e o sonho fervente,
Mas posso ouvir o ronco surdo da mente,
No meu tridente: a radiância demente,
Mas posso ouvir o ronco surdo da mente,
No meu presente: a solidão persistente,
Mas posso ouvir o ronco surdo da mente

Mas posso ouvir o ronco surdo da mente, Bis
Mas posso ouvir...

Não deu na praia, para te estender a mão,
Mas posso ouvir o som do seu coração,
Beleza malha a minha intensa emoção,
Mas posso ouvir o som do seu coração,
Na genitália, a mais sincera intenção,
Mas posso ouvir o som do seu coração,
E a solidão se transmutou em canção,
Mas posso ouvir o som do seu coração

Mas posso ouvir o som do seu coração,
Mas posso ouvir....

O meu mistério é me escorrer pelo mundo,
Extravasar meu sentimento profundo,
Romper passado em busca d'outra libido,
Contar nossa história, assim, no centro do ouvido.

Mas posso ouvir o caos que se faz sentido, Bis
Mas posso ouvir...
Nossa viagem....

MÚLTIPLO

Faço o melhor de mim,
Meu confim, a minha monta,
Sou teu abraço que minha mão aponta,
Sou teu abraço que minha mão aponta.

Faço o mel, a luva e a colmeia,
E a vida é teia,
É luz, é treva e indiferença,
E eu no centro, no seio e na ponta,
Sou teu abraço que minha mão aponta,
Sou teu abraço que minha mão aponta.
E faço o giz e a lousa,
Sou também a mão que traça e pousa,
Sou a caçada e a raposa,
Quando não o mato verde
Por onde o rifle cavalga,
E o tempo que alisa a bala
Zunindo o ar, a folha e a pele, sem falha, em sangue,
Alguma flor onde cheiro e nariz se abandonam,
Dono do mundo,
Vagabundo,
Nobre,
E por que não, burocrata,
À tona, o fundo,
O falso caminho do meio,
Sou múltiplo no meu encontro e desengano,
Sou tua coragem e receio, vida tonta!
Sou teu abraço que minha mão aponta,
Sou teu abraço que minha mão aponta.

E me querem rotular feito âncora,
Se sou o metal que pesa,
A luz do sol que ilumina
E inspira a reza e o voo da asa,
O barco e a prancha
Por onde salta o clandestino ameaçado à lança,
E o mar que acolhe o pirata moribundo,
Me torno tubarão que espreita a nova presa,
E Iemanjá que a tudo canta e conta,
Sou teu abraço que minha mão aponta,
Sou teu abraço que minha mão aponta.

E se o nosso amor que nos dá sentidos
explodindo mundos,
Gerando sons, canções fractais,
Virando versos carnavais, canibais e doces, ao
mesmo tempo,
Quem suportaria um amor "a-go-go"
Num verso zen,
No interior do Brasil,
Onde se malha moral a ferro frio,
Quem ousaria a luminosa imperfeição?

Vermelho a mil
É o meu coração no seu,
E o tempo passa com ou sem
Nossa ternura em transe,
Mas se recria num relance
Quando em nós se encontra,
Naquele abraço que minha mão aponta,
Sou teu abraço que minha mão aponta,
Sou teu abraço que minha mão aponta.

PEQUENOS

Eu tenho vistas que pouco olho,
Eu tenho o mundo que, miúdo, entendo,
Eu crio asas pro unicórnio,
Eu vou crescendo no teu passo lento.

Eu tenho teu beijo na minha tela,
Te amo tanto, nem dou conta e temo,
Qual o sentido quando te olho?
Te vejo tanto mas não nos enxergo.

Você voltou: três eternidades!
E o tempo para e eu me reinvento,
Estou na tua, você se arde,
Ambos entregues, com coragem e medo.

É a vida que nos revela e sabe,
Da dor que o prazer traz no fundo, dentro,
Você preenche o que não se cabe,
Transbordante, nos inundaremos.

Rompi o selo da solidão, tão tarde!
Você acena teu mistério teso,
Não sei falar, tua luz me invade,
Nesta mistura de sol com sereno,

Neste amor, tão grande:
Deixa-nos pequenos, pequenos, pequenos.
Neste amor, tão grande:
Deixa-nos pequenos, pequenos, pequenos.
Deixa nus...

CONFIANÇA

Estou perdido neste espaço-tempo,
A vida flui sem lei e fundamento,
Estou lançado feito um furacão,
No olho dele, a calma e a gratidão.

Se você veio ser o parafuso,
Encontra em mim, desilusão, confuso.
Se você toca o cerne da criança,
Desperta em mim, doçura e confiança.

Confiança é mel, confiança é dom, Bis
Confiança é céu, confiança é chão.

O teu olha reluz e desconserta,
E vai me abrindo a porta entreaberta,
E no teu passo tem calor e alento,
E o teu toque é todo o firmamento.
Bis

Mas se você semeia uma esperança,
Desperta em mim, doçura e confiança!
Bis

Som do coração, sol no coração,
Som do coração, sol no coração
E chão...

O QUE O UNIVERSO QUER (SIMÔ)

Eu não sou o que o Universo quer,
Só sou uma mulher que segue o coração.
Eu cismei, do avesso, me virar
Pra me descarrilar no avesso que é você.

Só porque a lua lambe o mar,
E você não está lá: farol de outro querer!
Mesmo assim, me laço a te mirar
Ao topo do altar do nosso bem-querer (do amor que
vaga em mim).

No vulcão do tempo a estraçalhar:
Morrer sem descansar, nascer pra reviver!
Pois você me fez redespertar:
Verdade a iluminar, querendo sem querer!

Num desvão da vida à beira-mar,
Não há nada em seu lugar:
Você, nem eu, nem Deus!
Pois não é o que uma mulher quer,
Somente pra mulher que segue o coração!

No verão que o inverno vem tardar,
Há luz em nosso olhar em dilaceração!
E no final, que insiste em escapar,
O encontro sem ter cais, na flor do furacão...
Pois não sou o que o Universo quer,
Só sou uma mulher que segue o coração... até você!

NAS PEDRAS
DO ARPOADOR

Música do álbum Labaredas

A morena triste e quase bonita,
Olha o mar com cara de quem crê e duvida,
Mas o mar esconde a chave do mundo,
Mas o mar revela todo amor do homem, Bis
Quando em mim penetra, quando em mim se eleva,
Você sabe onde? Nas pedras do Arpoador.

Catadores contam preciosas latas,
Dois rapazes cheiram sua cocaína,
A polícia evita: finge que não liga,
E eu olho a gaivota que, num orgasmo, tece,
Sua dança erótica, ao mar se oferece,

Mas o mar esconde a chave do mundo,
Mas o mar revela todo amor do homem,
Quando em mim penetra, quando em mim se eleva,
Você sabe onde? Nas pedras do Arpoador.

A "Cidade-Vênus" hoje, venta, fria,
Despertando em mim, reflexões de monge:
Eu tô tão sozinho, meu amor tá longe!

Mas o mar esconde a chave do mundo,
Mas o mar revela todo amor do homem,
Quando em mim penetra, quando em mim se eleva,
Você sabe onde? Nas pedras do Arpoador.

Catadores contam preciosas latas,
Cocaína acaba: rapazes se agitam,
E a morena, ainda, e quase bonita,
Olha o mar com cara de quem crê e duvida.

Mas o mar esconde a chave do mundo ... Bis

MEU RIBEIRÃO PRETO

Andei por tuas trilhas, teus portais,
Cidade antiAlcatraz, rompeu meus medos,
Em ti, me refleti, para assim, me enxergar
No gene de um olhar, que me ensinou a amar,
Ao navegar no seu ribeirão preto.

Seu calor queima seus lindos mortais,
Me faz arder, me faz ficar aceso,
Café com leite e cana fazem seu DNA
No gene de um olhar, que me ensinou a amar,
Ao navegar no seu ribeirão preto.

Mergulho fundo neste seu não mar,
E encontro um beijo em fogo: cica doce,
Histórias e memórias que irão se perpetuar
No gene de um olhar, que me ensinou a amar,
Ao navegar no seu ribeirão preto.

Fonte, água, luz solar,
Peixe, pedra, canoar,
O tempo vem nos revelar
No gene de um olhar, que me ensinou a amar,
Ao navegar no seu ribeirão preto, ao navegar no seu
ribeirão preto,
Ao navegar no seu ribeirão preto.

DEUS DO MUNDO ANTIGO

Eu sou o Deus do mundo antigo, eu te faço oprimido,
E escravizo a sua luz em minhas trevas,
Eu estou em textos tão sagrados,
Onde estranhos mandamentos,
Vão torná-los meus zumbis: uns homens-pedras.

Eu ponho pesos nos teus sentimentos,
Tranco a seiva do teu ventre em minha fé,
No meu castelo condenado, estão tua pélvis e teu corpo
Enjaulados com tua alma, aos meus pés.

Eu sou o Deus do mundo antigo, sim senhor!

Inverto as leis da natureza,
E inspiro pesadelos:
Seus prazeres – digo – são do satanás, o meu algoz
E você entrega o teu gás, a tua essência,
E eu com a minha experiência, extirpo humanos
Pra criar os meus robôs, os meus fiéis.

Que me agradecem, com cantigas de louvor,
Pois lhes ensinei a conceber um falso amor,
Que é aprendido sem precisar ter que vivê-lo,
Pois o amor dá medo, há penúria no clarão,
Dou-lhes um freezer bento pra esfriar as emoções,
Um belo templo onde podem ir rezar,
Pagar seu dízimo e voltar pra casa em paz,
No inferno frio de um mundo insosso sem sonhar.

Eu sou o Deus do mundo antigo, sim, senhor!

Me comunico, hoje, na TV, na internet,
Faço e apronto o escambal, o meu santo carnaval,
E eu deliro em completa solidão:
É perigosa qualquer forma de pensar,
Qualquer sentido mais profundo além da adoração.

Estou sozinho, pois sou o dono do cocar da multidão:
Sou eu quem vou te libertar: você tem que acreditar
Criei bandidos, a miséria com meu caldeirão de ideias,
Frases mansas, sobre amor pra lhe ofertar,
Pra lhe prender na teia-trama da minha alcateia.

Eu sou o Deus do mundo antigo, sim senhor!

E eu vim te consagrar,
Com minha bênção alucinógena, anestésica:

Vem, irmão, que eu vou te escutar!
Você precisa de um pouco de atenção!
Que eu lhe ensino o tanto, quanto a vida é vã!
Que eu lhe ensino o tanto, quanto a vida é vã!

O NARCISO E A DONA

Para Simoara

O narciso-fluído, fluindo, levando na essência uma
revelação...
– Cuidado, narciso-fluído, e faça do tempo boa condição!
Disseram-lhe os Deuses no Vento
E com a força do Fogo dum Oculto Vulcão,
Lançaram o narciso-semente por um fio imortal
Até a tridimensão!

Então o narciso-menino, cresceu diferente,
Feito erupção,
De um parto de vida luzindo, toda a esperança,
toda a emoção!
– Cuidado, narciso-menino, nós te nutrimos com
uma condição!
Disseram-lhe os Pais, meio aflitos, em acertos e erros,
Gestos em explosão!

Então o narciso-mocinho, encontrou labaredas
em elevação:
Pessoas, amigos, poetas, desejos sem formas em
mil direções
– Cuidado, narciso-mocinho, o tesouro de si só você vai
encontrar!
Disseram-lhe, Amigos Sinceros, tocaram seu peito,
E: "Au revoir! Good bye!"

E então o narciso crescendo, encontrou num relance a
dona da canção,
Que fez de um olhar, um alento, um acolhimento: perfeita
imperfeição!
– Deixe de lado o cuidado, que o amor não se faz em
total solidão!
– A partilha é o sentido do cais, mais do que ir e vir: esta é a
revelação!

E então, o narciso e a dona, traçaram sua trilha com
interrogações,
Ladrilhando um trajeto com a alma do fogo e da água em
dois corações:
– Cuidado não há de conter o destino traçado por quem
quer lhe escrever!

Sentiram e, mirando sem bússola,
A nova maré,
Viram o mar se perder!...

GAYS

Em gratidão a Michel Foucault

Os gays têm olhares, dizeres, seus bares,
Ares sensuais e ardis,
Mas que grupo não tem?
E felicidade também? E felicidade, talvez!
E quem é que não tem? E quem é que não vê?

Que os gays têm o poder na memória LGBTQIA+
E também têm humor para aguentar o ramerrão de um
sermão à exaustão
Mas quem é que não tem? Mas quem é que não vê?

Que os gays querem ter identidade:
Pra quê?
Tendo a rua e o desvão de você?
Se quando escuro fazem o dia-a-dia ferver?
E a noite reluz a lua das suas multiplicidades?
Mas quem é que não tem? Mas quem é que não vê?

A realidade nua e crua na virilha sem disfarce ou piedade?
E um certo tipo instável conquistado de prazer?
Mas quem é que não tem? Mas quem é que não vê?

Que os gays têm a ânsia da vida e da morte
Nos dentes, nas bocas, nos corpos, nas fendas do
seu renascer,
No encontro e no corte!

Mas quem é que não tem? Mas quem é que tem?
E quem é que não vê? E quem é que vê e sente a
vida a viver?

CASA DO KARMA

Casa do Karma, Casa sem calma,
Casa da arma, Casa da alma a ser lavada.

Casa do Karma,
Casa-vidraça
A vida estilhaça, quando a pedra pulsa e passa.

Lave a tua boca imunda,
Vista a sua pele crua,
Abra a sua fresta nua,
Crie seu vendaval: carnaval!

Ouça a canção marcada,
Viva a paixão lacrada,
Saia da retaguarda,
O mundo é sua vanguarda:
Estrada!

Família é o mundo,
Família do mundo,
Menino do Mundo,
Homem do Vaga-Mundo.

Rapaz se retira,
O homem não volta,
Ao tempo que entorta,
A casa desengraçada:
Por sob o teto, a dor rasgada!

CERTOS CARINHOS

Tem certos carinhos que só entre dois homens,
Tem certos carinhos que só entre duas mulheres,
Tem certos carinhos que só entre homem e mulher,
Tem certos carinhos que pra quem der e vier...

Tem certos carinhos que somente em solidão,
Tem certos carinhos, par-a-par, de coração,
Tem certos carinhos, cabem vários, multidão,
Tem certos carinhos na luz da meditação.

Tem certos carinhos, sufocados, mundo inteiro,
Tem certos carinhos, permitidos, costumeiros,
Tem certos carinhos, batalhados no vespeiro,
Tem certos carinhos, conquistados dos guerreiros.

A mão que acarinha pode te repudiar, a pele macia pode te
violentar,
A voz de veludo pode te caluniar, a escuta que acolhe pode
te silenciar.

Talvez no caminho encontre quem te compreenda,
Talvez teu destino é resistir à reprimenda.
Talvez teu vizinho o seu conforto te estenda,
Talvez, vida ao léu faça parte da tua senda.

A cada minuto, teu desejo te espreita,
Suplicando abrigo e o teu amor em oferenda,
Ser seu próprio colo com teus braços invisíveis,
Teu melhor amigo é a tua própria consciência.

Cruzar tempestades das verdades descobertas,
A sina autêntica, confia, te liberta,
Mergulha bem fundo nos caminhos da estrada
E encontrará os teus parceiros de jornada.

Tem certos carinhos só possíveis na estrada,
Tem certos carinhos só possíveis na jornada,
Tem certos carinhos, flor da boa caminhada,
Se mova, parceiro,
Tua trilha te aguarda!

QUEM A GENTE AMA

A gente não escolhe quem a gente ama,
Este toque-surpresa pode ser muito bacana, Bis
A gente não escolhe quem a gente ama,
Cachoeira de vida que deságua nesta cama.
Pode ser muito bacana e não ser só bacanal:
Amor cheio de graça é gorjeio da beleza!
Sagrando o coração na manhã do carnaval:
Sentido verdadeiro que transborda com destreza.
Bis
A fenda da donzela, a flor do cavalheiro
Compõem o seu galope, tanto faz, se for brejeiro.
Conhece-te a ti, desvendando seu parceiro
Na seiva da unidade nos tornamos quase o mesmo.
Bis
No império da pele, a vida se anima:
A tua tez morena, para mim, é gasolina,
Assim desvirginei, o teu ser na tua piscina,
Encaixe tão exato com doçura e adrenalina.

Ai, ai: sem dor!
No vão do nosso encontro
Experimentei o que é o amor!
Ai, ai: se foi!
Mas tudo foi perfeito:
Vá com Deus, aonde for!

PESADO

Estou pesado,
O teu afeto virou um fardo,
Estou tão denso,
Tonelada-pensamento,
Estou lento, sem alento,
Estou tosco, no desgosto.

Estou farto de contraste:
Antes luz, hoje entrave,
Hoje, cravo, antes chave,
Meio morno, onde houvera ave.

Se eu pudesse me safava
Da tua pele que em mim vibra, arde,
Se eu pudesse apagava
O amor que transborda e descabe.
Se eu pudesse, mas o coração não sabe,
Mas o coração não sabe,
Mas o coração não sabe.

Nestas horas, perco o rumo do verso,
Sombra é o sol que me cabe,
Corpo e alma desconexo,
Só me resta a ironia,
De sua frase esfarrapada:
Desamor, só dor, bobagens...
Lembrança macabra!

Bis Se eu pudesse ...

VIDA EM CAOS

Para além do Bem,
Fica este resto de nada,
Esse trauma de sangue,
Onde o amor nos naufraga.

Mas é incerto, porém,
O olhar e a visada,
Toda forma de culpa,
Se apoia e desaba
Nesta pele que escapa...

Nosso par se emerge, ao longe, na sacada,
Do pousar deste fogo que arranha e desarma,
Mas violenta o delírio,
Desalento se faz,
E você é meu vazio, o meu ar, tanto faz,
O que pulsa e assanha,
Dissimula risadas e nos faz nos perder,
Gargalhar no gozar?
Ou seremos miragens a nos pulverizar?

Imã:
Destroça! Dilacera e nos roça!
Firma e explode,
Dilata nos corpos
O desejo que o tempo nos reata em nós,
Além do Bem, além do algoz
De nascermos, vivermos e estarmos tão sós!

Silêncio e rotina,
Projetos de vida,
Razões que explicam e que não dão conta do sol...
Mistérios e rimas,
Palhaços e cinzas,
Nós dois em escombros
Desta vida em caos!

QUARENTA

Homens belos passam com suas forças ocas,
E a mulher com coxas tronchas revive o doce engano,
Mas não seria a vida, engano, ilusão e acidente,
Se o acaso não rompesse esse mundo vegetante?
E se além dos sabichões do Ocidente-Oriente,
Não houvesse o vão sinuoso de um abraço transpassando?

E se, ao te olhar enfim, tudo em luz, se percebesse
E assim, se dissipassem, os erros dos nossos planos?
E se a gente reinventasse uma doce experiência,
Que somente, aos quarenta, cintilasse resplandecente?

Quarenta! O tempo reorienta nos Quarenta!   Bis
O tempo reorienta nos Quarenta!
O tempo reorienta nos Quarenta! O tempo reorienta...

E a donzela pálida esqueceu meu endereço,
E o rapaz expõe, com gozo, sua desinteligência,
E o céu do casamento demonstrou sua evanescência,
E a minha solitude: solo, templo: é persistência!

Sorri a minha alma com os seus milhões de dentes,
Cercada de amigos, com os quais me satisfaço,
E o oráculo aponta um horizonte novo, ardente,
Plantado no presente, se esclarece a cada passo,
Ou então se anuncia num futuro, ao norte, quente,
E que se realizasse, somente aos quarenta?

Quarenta! O tempo reorienta nos Quarenta!
O tempo reorienta nos Quarenta!
O tempo reorienta nos Quarenta!
O tempo reorienta...

No som do dirigível que o mundo sobrevoa,
As asas do meu sonho lançam luz, ao léu, à toa,
E a flecha do destino mira o sol de Sagitário,
Em busca do cupido: me deixou desabrigado!

E o leão do meu umbigo, busca um pouco de afago,
Dum amor que arrebente o rochedo inesperado,
E que seria fogo e forte, então, somente aos quarenta!

Quarenta! O tempo reorienta nos Quarenta!
O tempo reorienta nos Quarenta!
O tempo reorienta nos Quarenta!
O tempo reorienta...

GALO BRAVO

Silêncio, na madruga de só-vento,
Esfria, a rua e a rima que assobia.
A cama ardia em peso, a vida abrasa,
A casa encerra o tempo no infinito.

Sozinho, escondo o que o mundo oculta,
E encerra no meu corpo, a tua bruma,
Sincero, revelo em mim, o amor maduro,
Partido, faltando ainda outra metade.

Laranja, tranca em sumo o azedume,
Tão ácida: história humana acentua,
Poetas: vertem em dom, a não luz da lua,
Relento: o orgasmo morno solitário.

Monótono, cantarolando o tom adentro,
E o galo, cantando esvai o instinto bravo.
Tão belo, solene voo do amargo macho,
Tão só, repousa quanto o canto cala.

Os machos escondem a face da sua névoa
Na pélvis, concentram o seu próprio calo,
Ardendo, respiram os seus medos mudos
Camuflam olhares doces que disparam.

Ternuras, só cantam pra minguante rua,
E não enxergam quem está do seu lado,
Ouvindo, oculto, o canto aflito do galo bravo,
Ouvindo, oculto, o canto aflito do galo bravo.

LANTERNAS

Mais de mil vezes peguei a lanterna,
Procurando em pleno sol do meio-dia,
Uma idiota, um desatinado
Que me desse a flor do amor e da alegria.

Mais de mil vezes peguei a lanterna,
Procurando em negra lua, à meia-noite,
Uma pateta, um desocupado,
Que tirasse a minha mordaça e a dor do açoite.

Mais uma vez, desavisado,
Acreditei no teu olhar impactante
Que, num repente, descomplicado,
Revelou o que se oculta a todo instante.

E me emocionei, recompensado,
Pois caía neve, à face e no horizonte,
Mas te mirei, reconfortado,
Depois de atravessar rios, medos, grades, pontes.

Pra me folgar no seu regalo,
Inteiro, teso, amante, amado e cativante,
Pra te encontrar do outro lado,
Compartilhar lanternas, noites, novos montes.

Mais de mil vezes peguei a lanterna
Peguei a lanterna, peguei a lanterna!
Mais de mil vezes peguei a lanterna
Peguei a lanterna, peguei a lanterna!

BEIRA-MAR

Com a alma na ponta dos lábios
No sopro do último respirar,
No fim dos murmúrios da vida,
Derradeiro verso a cantar.

Eu me deito no vão da saída,
Me acolho onde posso voar,
No corpo que, vão, desvanece
No relance da fuga do olhar.

O adeus é o sinal da partida,
No dia perdendo o amanhã,
A noite já foi despedida,
É tarde pra febre-terçã...

Sentindo um arrepio na barriga,
Um gelo de não se esquentar,
Lembrei seu sorriso: bem-vinda!
Não te encontrarei nunca mais!

A vida se esvai esquecida,
No tempo de si, deslembrar,
Sonhei, enfrentei muitas lidas,
No fim, tudo parte, inclusive o poeta:
E o verso – pra que será?

Famílias, amigos, festejos,
Angústias e saltos: lançar!
Mirar tua luz, toques, beijos,
E aqueles que não pude dar!

A aurora do minuto lança,
A sombra no alvorecer,
Relaxa, se acalma, descansa,
É hora do teu renascer.

Vibra! Vibra!
Se entrega neste revirar!
Linda! Linda!
A trilha a te iluminar!

Veja a vida,
Num zoom, veio desabraçar!
Pulsa, pisca,
Farol se apagou:
Beira-mar...

Parte IV

CANTADAS DOS OUTROS (VERSÕES)

SERENATA AO LUAR

Versão: Moonlight Serenade
De Glenn Miller e Mitchell Parish

Eu sou o cantor refletindo esta noite enluarada,
Estou no portão, peito aberto a cantar serenata,
Ardente, sincera na flor do verão!
Estás a mirar meu olhar no desvão da janela,
Me faz flutuar nas estrelas, levito macio
No abrigo do brilho do luar: serenata!

Só eu sei, o quanto eu me entreguei
Ao ser no seu sonhar
Sentindo, enfim, o amor lançado em mim
Tão belo e terno,
Tão doce e eterno.

Vou me perder no sereno da noite vazia,
Voei pra lembrar que no mundo,
Você é quem guia
E inspira carinho
Ao luar: serenata!

Do cantor, ao luar: serenata!

DENTRO DE NÓS

Letra para o Love Theme de Vangelis,
do filme Blade Runner
Produtora: The Ladd Company
Shaw Brothers
Blade Runner Partnership

Ao som de um lindo blues do mundo negro
Fomos nos encontrar em um paraíso!
Dentro de nós há um universo azul:
Vamos despertá-lo, torná-lo aceso!

Ao som de um lindo blues, nós dois, apenas
Vamos recolorir os dias cinzas!
Dentro de nós há todos os prismas da Luz:
Vamos incendiá-la, torná-la plena!

No ar, projeções,
Dos dias que herdarão,
As trilhas de emoções:
Nuas,
Guerras em busca de si – Lutar!

Há o mundo a desvendar!
Nós ainda estamos a começar!
Ao som de um lindo blues, dois diamantes,
Irão se lapidar os mais brilhantes!
Dentro de nós há um sentimento profundo:
Vamos nos revelar! Valer seu sonho!

Olhe o mundo que há dentro de nós!

DESTINO DE UM AMOR

Versão: Tous les visages de l'amour
De Charles Aznavour

Sim, tu és um sonho que se vê,
Que me atrai sem perceber,
E muda o tom e a visão do meu querer,
Sim, tu és descanso e vulcão,
A luz de um anjo e a escuridão,
Quando me prendes, sombra e cor,
Tu és destino de um amor.

Sim, tu és a vida a nos mirar,
Transcende o corpo e o olhar,
E toca a alma e a existência faz brilhar,
Sim, tu és a chave e a prisão,
És tanto doce sedução,
És da paixão, o fogo em flor,
Tu és destino de um amor.

Mas eu sou tua chama a te iluminar,
Sou duas mãos que vão te encontrar,
Sou tua força que não cessará,
Sim, por ti desbravo o céu e o fel,
Desvendo teu mistério e teu mel,
Só pra lançar-me nos teus braços.

Sim, se giro e vivo ao teu redor,
Se os teus medos sei de cor,
Sou teu brinquedo, ao teu dispor: jogos de azar,
Sim, se tens minha sorte nas tuas mãos,
Somos um mesmo coração,
Que, até parar, não tem pudor
De ser destino de um amor: sim!
Tous les visages de l'amour!

TEM QUE SER

Letra para o Tema de Abertura da Série Dexter
Produtora: Dexter Main Title (Rolfe Kent)

O universo vai ferir:
Sombras no meu cais,
Mar de sangue: eu vi!

Vou partir, *dextrinchar*, revolver, esquartejar,
Revelar o seu monstro: só você vê!

Pois sou filho do Bem e do Mal,
Você é filho do Bem e do Mal,
Somos filhos do Bem e do Mal,
Neste mundo do Bem e do Mal!

E você vai estar nas mãos
Do Senhor que vai transformar o escuro em pus!

Vou partir, *dextrinchar*, revolver, esquartejar,
Te lançar neste mar que não tem fim, não!

Pois sou filho do Bem e do Mal,
Você é filho do Bem e do Mal,
Somos filhos do Bem e do Mal,
Neste mundo do Bem e do Mal!

PRA RESPIRAR

Versão: Shallow

Versão original: Lady Gaga / Mark Ronson / Anthony
Rossomando / Andrew Wyatt

Trilha do Filme A Star is Born

Produtora: Warner Bros. Pictures

Live Nation Productions

Metro-Goldwyn Mayer Pictures

Gerber Pictures

Peters Entertainment

Joint Effort

Tenha claro, amor,
Se és feliz em um mundo cego em dor?
Ou se queres mais,
Para além da trilha cinza em que estás?

Vou cair
Mesmo que a vida seja terna e generosa,
Ao sentir que o tempo muda,
Treme a nossa história.

Estou seguindo,   Bis
Senda e destino,
Vendo-me desabar,
Cintilo ao rio,
Lâmina d'água,
Nunca vou alcançar
A superfície pra respirar, a superfície pra respirar
A superfície pra respirar, pro nosso amor respirar...

Tenha claro, amor,
Se estás entregue a um vazio sem cor?
Ou se queres mais,
Sem preencher o que o coração já não traz?

Vou cair
Mesmo que a vida seja terna e generosa,
Ao sentir que o tempo muda,
Treme a nossa história.
Bis

O AMOR ESTÁ NO AR

Versão: Love is in The Air
De George Young e Harry Vanda

O amor está no ar: linda onda pra voar!
O amor está no ar: solta asas pra surfar!
E eu não sei se estou confuso ou se o amor me faz flutuar
Mas é algo que eu sinto e acredito
Na beleza do fundo do olhar!

O amor está no ar na montanha e no cais
O amor está no ar no silêncio e na paz
E eu não sei se eu estou sonhando ou se o amor me
faz delirar
Mas é algo que eu sinto e acredito
Num abraço que vem me encontrar!

O amor está no ar
O amor está no ar,
Oh, oh

O amor está no ar no nascer de uma manhã
O amor está no ar, ao lembrar que a vida é vã,
E eu não sei se você me ilude ou se o amor me faz levitar
Mas é algo que eu sinto e acredito
No aconchego que vem me tocar!

O amor está no ar
O amor está no ar,
Oh, oh

NÃO MAIS MIL AIS

Versão: I Will Survive

De Gloria Gaynor, Dino Fekaris e Freddie Perren

Por ti, eu suspirei, eu gritei mil ais!
Só quis pensar em me perder: sem você, jamais!
Mas quando a noite se acendeu,
Bem no meio desse palco,
Um estrondo:
Muito mais alto, colossal!

Montei playback na Blue Space,
Quando te vi, rasguei teu jeans,
Rocei teu peito, face-to-face!
Olhei pra mim: me arrependi
E recusei o teu vocal
E James Dean baixou em mim:
Um ser mais forte, um imortal!

Não, não dou! Blackout pra dor!
Justo é o tal-qual,
Que diz "bye-bye" pra quem pisou!
Não vendo hoje o que te dei no carnaval:
Desfiz sonhos!
Não mais vulcão no sexo total!

Oh, não, não mais! Não mais mil ais!
Horrível é chafurdar no lodo do teu fogo infernal,
Agora sinto a brisa, o alívio,
Cheiro à glitter, digo *cheese*:
Não, não mais! Não mais mil ais!

Hey! Hey!